I0401821

This book belongs to:

____

www.ingramcontent.com/pod-product-compliance
Lightning Source LLC
Chambersburg PA
CBHW070804220526
45466CB00002B/538
* 9 7 8 1 7 0 0 9 4 2 5 0 0 *